# EL CÍCLOPE

## EURÍPIDES

Ilustrado por
ONÉSIMO COLAVIDAS

Eurípides
# EL CÍCLOPE

PERSONAJES:

    SILENO
    CORO DE SÁTIROS
    ULíSES
    EL CÍCLOPE POLIFEMO

# CÍCLOPE.

*(La escena al pie del monte Etna, en Sicilia, a la entrada de la cueva de Polifemo).*

**SILENO**

—¡Oh Baco! siempre estoy sufriendo innumerables trabajos por tu causa; lo mismo ahora que en la flor de mi juventud: el primero fue cuando, arrebatado por el furor que te inspirara Juno[1], huiste abandonando a las ninfas de los montes, tus nodrizas; después de tu esfuerzo en aquel combate de la guerra de los Gigantes, en qué maté a Encélado[2], atravesando su escudo con mi lanza. Mas...esto que digo ¿fue realidad o sueño? ¬¡Oh! no hay duda. Yo mismo enseñé los despojos a Baco[3].

Pero el trabajo que ahora me aflige sobrepuja a todos. En cuanto supe que, para que te vendiesen en remotas tierras, Juno había lanzado contra ti los piratas del Tirreno[4], me embarqué con mis hijos y partí en tu busca; yo mismo colocado en la alta popa y agarrado al timón dirigía la nave vigorosamente impulsada por mis sátiros[5], que, sentados en los bancos, te buscaban, ¡oh rey!, blanqueando con sus remos las cerúleas ondas. Y he aquí que, cuando nos hallábamos junto al promontorio de Malea[6], un fuerte viento de Levante nos arroja a estos peñascos del Etna[7], donde en cavernas solitarias viven los hijos homicidas del dios de los mares, los Cíclopes[8], que tienen un solo ojo. Estos monstruos nos apresaron enseguida, y reducidos a una triste esclavitud, servimos a uno de ellos llamado Polifemo, viéndonos obligados a apacentar sus rebaños en vez de gozar en las deliciosas bacanales. Mis hijos, como son jóvenes, llevan los tiernos corderos a pacer en las remotas colinas: yo, como soy viejo, me quedo aquí para llenar las pilas, barrer la cueva y servir al impío Cíclope en sus nefandos banquetes. Fuerza es que ahora cumpla sus órdenes y que limpie los establos con este rastrillo de hierro para que mi señor Polifemo y sus ovejas los encuentren aseados cuando vuelvan del campo. Pero ya veo a mis hijos que se acercan apacentando sus rebaños ¿Qué es eso?

¿Acaso bailáis la bulliciosa danza como cuando, acompañando alegremente a Baco, ibais a la casa de Altea[9] encantados por la melodía de las cítaras?

### CORO DE SÁTIROS

*Estrofa*

—¿A dónde corres noble descendiente de una noble raza? ¬¿A que te pierdes entre las rocas? ¬¿No tienes aquí suaves brisas. agradables yerbas y agua fresca y cristalina en los abrevaderos junto a las cuadras donde tus ovejas balan? Eh...por aquí...a pacer en este ribazo húmedo de rocío... Ohé...

—¿A que tengo que tirarte una piedra? Vuelve, animal de hermosa cornamenta, vuelve a la morada del agreste Cíclope, tu pastor.

*Antistrofa*

—Y tú ven acá, con las ubres repletas de leche: acércaselas a los cabritos que dejaste en el redil.

¿No oyes cómo te llaman balando los pobrecitos que han dormido todo el día? ¿No acabarás de pacer la fresca yerba y de entrar en el aprisco, abierto en la roca?

Aquí no tenemos a Baco ni sus danzas, ni a las tirsíferas

Ménades[10], ni el estrépito de los tambores junto a las murmuradoras fuentes, ni las copas de vino delicioso, ni el Nisa[11] con sus Ninfas[12].

## *Epodo*[13]

—En loor de la beldad en cuya busca volaba acompañado de las Bacantes[14] de blancos pies, entonaré un cantar báquico. ¬¡Oh Baco, amado Baco! ¬¿dónde habitas sacudiendo solitario tu rubia cabellera? Yo, tu criado, sirvo ahora al monóculo Cíclope y, privado de tu dulce amistad, soy un esclavo infeliz vestido con la miserable piel de un macho cabrío.

### SILENO

—Silencio, hijos míos. Mandad a los criados que recojan los rebaños en las cuadras.

### CORO

—Id; pero, padre, ¿por qué tanta prisa?

### SILENO

—Distingo cerca de la costa la quilla de una nave griega y veo que sus tripulantes precedidos de su jefe, se dirigen hacia nosotros. Traen sacos vacíos colgados del cuello, prueba, sin duda, de que carecen de víveres y además cántaros para el agua. ¡Infelices extranjeros! ¿Quiénes serán? No conocen a nuestro amo Polifemo, ni saben cuán inhospitalaria es su caverna, de otro modo no se encaminarían acaso por un infeliz, a la misma boca del impío devorador de carne humana. Mas...callad. Sepamos de dónde vienen y porqué han desembarcado junto a los peñascos del Etna.

### ULISES

—Extranjeros, ¿me diréis si hay en esta isla algún río donde podamos recoger agua para apagar nuestra sed y si hay alguien que quiera vender víveres a unos navegantes necesitados? ¿Qué es esto? Creo que hemos llegado a una tierra consagrada a Baco, pues veo un grupo de sátiros a la entrada de la cueva.

—¡Salud, en primer lugar, al más anciano!

## SILENO

—¡Salud, extranjero! ¬¿Cuál es tu nombre y tu patria?

## ULISES

—Soy Ulises de Ítaca, rey del país de Cefalonia[15].

## SILENO

—¡Ah! Te conozco; un hombre elocuente, hijo astuto de Sísifo[16].

## ULISES

—El mismo: mas no me insultes.

## SILENO

—Y ¿de dónde has venido a esta costa de Sicilia?

## ULISES

—De Ilión[17] y del penoso asedio de Troya.

## SILENO

—¡Cómo! ¿No sabías el camino de tu patria?

## ULISES

—Aquí me arrojaron las tempestades.

1. Esposa de Júpiter, rey de los Dioses.
2. Uno de los gigantes de la mitología griega.
3. Dios dedicado al vino, a la vid y a la fertilidad. De la mitología griega.
4. Personaje de la mitología griega.
5. Criatura alegre y pícara de la mitología griega.
6. Cabo situado en la península del Peloponeso, en Grecia.
7. Volcán activo en la costa este de Sicilia.
8. Miembro de una raza de gigantes con un solo ojo en la frente, en la mitología griega.
9. Hija del rey de Etolia Testio y su esposa Euritemiste, de la mitología griega.
10. Ninfas seguidoras del dios Baco, de la mitología griega.
11. El monte Nisa, donde la ninfa del mismo nombre cuidó a Baco, en la mitología griega.
12. Doncellas, hijas de Zeus según la mitología griega.
13. Poesía griega, formada de dos versos; uno largo y otro corto.
14. Mujeres griegas, adoradoras del dios Baco.
15. Isla en el mar Jónico, al oeste de Grecia continental.
16. Fundador y rey de Éfira, más tarde conocida como Corinto.
17. Nombre antiguo de la capital de Troya, de las leyendas griegas.

**SILENO**

—¡Ay! Has tenido la misma desgracia que yo.

**ULISES**

—¿También tú has venido por fuerza?

**SILENO**

—Sí: cuando iba en persecución de los piratas que robaron a Baco.

**ULISES**

—¿Qué país es este, y quiénes lo habitan?

**SILENO**

—Es el monte Etna, el punto más elevado de Sicilia.

**ULISES**

—Y ¿dónde están las murallas, y las torres de la ciudad?

**SILENO**

—No las hay: estas montañas no están habitadas por hombres.

**ULISES**

—Pues, ¿quién las habita? ¿Acaso algún linaje de fieras?

**SILENO**

—Los Cíclopes que no viven en sus casas, sino en cavernas.

**ULISES**

—¿Quién es su rey? ¿O el gobierno es democrático?

**SILENO**

—Son pastores nómadas, y ninguno obedece a nadie en nada.

**ULISES**

—¿Cultivan los dones de Ceres[1] o de qué viven?

**SILENO**

—Se alimentan de carne, leche y queso.

**ULISES**

—¿Conocen la bebida de Baco, el zumo de la vid?

**SILENO**

—¡Ay, no, por cierto! Esta tierra es muy triste.

**ULISES**

—¿Son hospitalarios y compasivos con los extranjeros?

**SILENO**

—Dicen que nada hay más sabroso que sus carnes.

**ULISES**

—¡Qué dices! ¿Matan y devoran a los hombres?

## SILENO

—Todos los que han venido aquí han muerto.

## ULISES

—Y, ¿dónde está el Cíclope? ¿En su morada?

## SILENO

—Salió hacia el Etna para ojear las fieras con sus perros.

## ULISES

—¿Sabes lo que tienes que hacer para que escapemos de esta tierra?

## SILENO

—No lo sé Ulises; pero estamos dispuestos a hacer cualquier cosa en tu obsequio.

## ULISES

—Pues véndenos los víveres que necesitamos.

## SILENO

—Solo tenemos carne, como ya te he dicho.

## ULISES

—A fe que es un agradable lenitivo del hambre.

### SILENO

—También tenemos queso y leche de vaca.

### ULISES

—Sacadlo fuera: la luz conviene a los contratos.

### SILENO

—Y tú, ¿cuánto oro nos darás por ello?

### ULISES

—No traigo oro, pero en cambio traigo vino.

### SILENO

—¡Admirable!, precisamente carecemos de él hace mucho tiempo.

### ULISES

—Y cuenta que este licor me lo dio el divino Maron[2].

### SILENO

—¿El que yo eduqué y llevé en mis brazos?

### ULISES

—El nieto de Baco, para que acabes de entenderlo.

## SILENO

—¿Lo tienes en la nave o lo traes contigo?

## ULISES

—Este es el odre que lo contiene; ¿lo ves, anciano?

---

1. Diosa de la agricultura, de la mitología griega.
2. Nieto de Baco, experimentado en el cultivo de la vid.

**SILENO**

—Con eso ni siquiera se me llena la boca.

**ULISES**

—Tengo doble cantidad que la que saldrá de este cuero.

**SILENO**

—¡Oh, qué fuente tan grata y tan hermosa!

**ULISES**

—¿Quieres probar esta deliciosa bebida?

**SILENO**

—Sí, sí: el probar anima a la compra.

**ULISES**

—Traigo un vaso además del odre.

**SILENO**

—Ea, echa de firme: para que, después de beber, me quede el gusto en la boca.

**ULISES**

—Toma

**SILENO**

—¡Ah, ah! Qué buen olor tiene.

**ULISES**

—¿Ya lo has visto, eh?

**SILENO**

—No, a fe mía, pero lo huelo.

**ULISES**

—Pruébalo para que no lo elogies solo con palabras.

**SILENO**

—¡Sopla! Baco me invita a bailar. ¡Ah, ah, ah!

**ULISES**

—¿Qué tal? ¿Te ha regado bien la garganta?

**SILENO**

—Tanto que me ha llegado hasta la punta de las uñas.

**ULISES**

—Además te daremos dinero.

**SILENO**

—Venga el vino y guárdate el oro.

**ULISES**

—Trae pues los corderos y los quesos.

## SILENO

—Los traeré. Por una sola copa de este vino daría los rebaños de todos los Cíclopes; y, una vez ebrio, sería capaz de arrojarme al mar desde una pelada roca. El que no se alegra bebiendo, es un insensato. El vino excita al amor; a abrazar a las bellas; a dar volteretas por los prados y disipa con el baile el recuerdo sombrío de las penas. Si esto es así; ¿vacilaré un momento en comprar este licor precioso, burlándome de la ignorancia del Cíclope y de aquel ojazo que lleva en medio de la frente?

## CORO

—Oye, Ulises, tendremos un rato de conversación contigo.

## ULISES

—Acercaos como si fueseis mis amigos íntimos.

## CORO

¬¿Os apoderasteis de Troya y de la cautiva Helena[1]?

## ULISES

—Y saqueamos todas las riquezas de Priamo[2].

## CORO

—Después que os apoderasteis de la joven, ¿no abusasteis de ella uno tras otro, ya que era su gusto el tener muchos maridos? Pérfida, le bastó ver los elegantes calzones que ceñían la pierna del extranjero y su collar de oro, para enamorarse perdidamente y decidirse a abandonar a Menelao[3], el más bonachón de los maridos.
Es espantoso. ¡Ojalá no hubieran existido nunca las mujeres.... sino para mí solo!

### SILENO

—Rey Ulises, aquí tienes reses de nuestros rebaños, abundantes quesos, y no poca cantidad de la dulce bebida, alimento de los corderillos.

Lleváoslo todo y huid cuanto antes de esta cueva inhospitalaria. Dadme en pago el delicioso zumo de las viñas de Baco.....

¡Ah, gran Júpiter....! El Cíclope viene. ¿Qué haremos?

### ULISES

—¡Estamos perdidos! ¿A dónde huiremos, anciano?

### SILENO

—Escondeos en esa caverna.

### ULISES

—Peligroso refugio. ¿Quieres que yo mismo me meta en la boca del lobo?

### SILENO

—No es peligroso; la roca tiene muchos escondrijos.

### ULISES

—Jamás. El dolor de Troya se aumentaría justamente, si yo, que tantas veces contuve con mi escudo a una multitud de Frigios, huyese ahora delante de un solo hombre. Si debemos morir, muramos honrosamente; si vivimos, salvemos como valientes nuestra antigua gloria.

---

1. La hija más hermosa de Zeus, alentó a los griegos a la legendaria guerra de Troya.
2. Rey mítico de Troya, en la época de la guerra de Troya.
3. Rey de Esparta, esposo de Helena de Troya.

## CÍCLOPE

—Detente... escancia... ¿Qué juegos son estos? ¿A qué estas Bacanales?

Aquí no se halla Baco, ni el obligado estruendo de los cascabeles de bronce y el redoblar de los tambores. ¿Cómo están mis recentales? Se cuelgan de la teta de sus madres o juguetean, corriendo bajo su vientre. ¿Habéis dispuesto ya bastante cantidad de leche en las encellas de junco? ¿Qué decís? ¿Qué respondéis? Me parece que este garrote va a hacer llorar a alguno de vosotros. Alzad la vista y no miréis al suelo.

## CORO

—Ya levantamos los ojos hasta el Olimpo y vemos a Orión[1] y los astros.

## CÍCLOPE

—¿Está preparada la comida?

## CORO

—Sí; solo falta que dispongas tus mandíbulas.

## CÍCLOPE

—¿Están llenas de leche las crateras?

## CORO

—Tanto que, si quieres, te puedes beber toda una tinaja.

## CÍCLOPE

—¿La leche es solo de vaca y oveja o mezclada?

## CORO

—Es de lo que quieras: con tal que no me tragues.

## CÍCLOPE

—No hay cuidado; pues si os tragase saltaríais dentro de mi estómago; y me mataríais con vuestros movimientos. ¡Ah! ¿Qué gente es aquella que distingo junto a los establos? ¿Son algunos ladrones o piratas que se han apoderado de esta tierra? También veo una porción de mis corderos atados con retorcidos mimbres y las vasijas de los quesos revueltas y a este viejo con su cabeza calva hinchada por los golpes que ha recibido.

## SILENO

—¡Ay, de mí! Infeliz aporreado, ¡qué calentura tengo!

## CÍCLOPE

—¿Quién te ha pegado en la cabeza, Sileno?

## SILENO

—Aquellos, porque no les dejaba que se llevasen tu hacienda.

## CÍCLOPE

—¿Ignoran que soy un dios y descendiente de dioses?

## SILENO

—Ya se lo dije: pero ellos saqueaban tu caverna y se comían tus quesos, aunque yo trataba de impedírselo: se llevaban tus corderos y decían que, atándote a un poste de tres codos, te arrancarían a viva fuerza las entrañas y te machacarían a palos. Después pensaban echarte atado al fondo de su nave y venderte a cualquiera para que te emplease en arrancar piedras o en bajarlas a un molino.

### CÍCLOPE

—¿Es verdad? Pues bien, corre, afila mis cortantes cuchillos lo más pronto que puedas y arrima un gran haz de leña al fuego, porque quiero matarlos al instante y saciar mi apetito: los asaré en las brasas y me los comeré bien calientes; yo mismo me serviré de cocinero; a los restantes los coceré en una caldera. Ya estoy harto de selváticos alimentos; bastantes ciervos y leones he comido y hace mucho tiempo que no he devorado carne humana.

### SILENO

—Nada hay tan sabroso como el nuevo manjar que se presenta después de no haber variado en mucho tiempo de alimentos. Y, a fe, que hace muchísimo que no vienen hombres a estos lugares.

### ULISES

—Cíclope, oye también a los extranjeros. Nosotros hemos venido a tu caverna para comprar provisiones. Ese viejo nos ha vendido tus corderos por una copa de vino y nos los ha entregado después de haberla bebido. El consentimiento ha sido mutuo y a nadie se le ha obligado. Pero desde que le has sorprendido, vendiendo furtivamente tus cosas, no dice una palabra de verdad.

### SILENO

—¡Yo! ¡Así te mueras....!

### ULISES

—Si miento.

## SILENO

—No; por Neptuno que te engendró, por el gran Tritón, por Nereo, por Calipso y por los los sagrados ríos, por todos los hijos de Nereo, por la casta de los peces, yo te juro hermosísimo y adorado Cíclope, dueño mío querido, yo te juro que no he vendido nada a los extranjeros. ¡Si tal hice, permita Júpiter que mueran desastrosamente esos perversos hijos a quiénes amo tanto!

## CORO

—Eso a ti. Yo mismo te he visto vender los víveres a los extranjeros. Si miento, permita Júpiter que te parta un rayo, padre mío; pero no calumnies a esos desgraciados.

## CÍCLOPE

—Mentís. Yo creo a Sileno más justo y fidedigno que el mismo Radamanto[2]. Pero les haré algunas preguntas. ¿De dónde venís, extranjeros? ¿De qué país sois? ¿En qué ciudad os habéis criado?

## ULISES

—Somos de Ítaca, oh Cíclope, pero ahora venimos de Troya, arrojados por las tempestades a esta región.

## CÍCLOPE

—¿Sois, por ventura, los que fuisteis hasta la ciudad de Troya, próxima al Escamandro, para vengar el rapto de la pérfida Helena?

## ULISES

—Los mismos, que hemos soportado tantos trabajos.

## CÍCLOPE

—¡Infame ejército, en verdad! ¡Navegar por una sola mujer hasta las costas de Frigia[3]!

## ULISES

—Fue obra de un dios; no acuses de ello a ningún mortal, Nosotros, poderoso hijo del dios de los mares, te suplicamos y te hablamos como hombres libres. No mates y destines a nefanda comida a los que hemos llegado como amigos a tus antros, a los que hemos erigido templos a tu padre hasta en los más remotos lugares de Grecia. El puerto de Tenaro y los altos peñascos de Malea que le están consagrados, permanecen inviolables, lo mismo que la roca de Sunnio, con su templo a Minerva[4], sus argentíferas minas y los puertos de Geresto.

Nosotros no perdonamos a los Frigios un ultraje, que era imposible soportar. De la gloria conquistada en tal empresa te corresponde no pequeña parte, pues habitas en el último confín de las tierras griegas, en la ignífera roca del Etna. Sé, pues, piadoso y, como la humanidad prescribe, acoge benigno a los que, extraviados en los mares, rendidamente te suplican; ofréceles los dones de la hospitalidad; proporciónales vestidos en vez de atravesarlos con enormes asadores y de llenar tu boca y tu vientre con sus carnes. ¡Harto diezmo a Grecia la tierra de Priamo, empapada de la sangre de tantos guerreros! Si después de haber perdido a sus maridos tantas esposas, y tantos encanecidos padres y madres ancianas a sus hijos, tú arrojas al fuego a los que lograron salvarse y los devoras en horrendo banquete ¿quiénes volverán a su patria? ¡Ah! no, tú atenderás mis ruegos, oh Cíclope, tú preferirás la compasión a la crueldad, pues a muchos les causó graves daños una mala ganancia.

## SILENO

– Quiero darte un consejo, Cíclope. No dejes nada de la carne de ese; si te comes la lengua estoy seguro de que te convertirás en un orador facundo y elegante.

## CÍCLOPE

—La riqueza, hombrecillo, es el dios de los discretos; el resto es vanidad y bella palabrería. Existan enhorabuena esos templos consagrados a mi padre; mas, ¿a qué decírmelo?. A mí no me amedrentan los rayos de Júpiter, ni creo que Júpiter sea mas poderoso que yo. Nada se me da de él. Oye el motivo. Cuando envía la lluvia hallo en mi cueva abrigo seguro contra las inclemencias del cielo; acostado blandamente me como asado un novillo u otro animal cualquiera; me bebo un cántaro de leche y después me desahogo compitiendo en estrépito con los truenos de Júpiter. Si sopla el Bóreas[5] de la parte de Tracia[6], y nieva copiosamente, yo, envolviéndome en pieles y encendiendo una hoguera, me burlo del frío y de la nieve. La tierra, quiera o no, produce la yerba con que engordan mis rebaños, que yo no sacrifico a otro dios que a mí mismo y a este vientre que es el mayor de los dioses; porque el comer y el beber es lo que se necesita cada día y el no atormentarse por nada, es el dios de los hombres discretos. ¡Malditos sean los que con sus leyes intentan contrariar los apetitos! Yo por ellas no he de perder esta ocasión de regalarme y de comerte. Mas para que nada tengáis que echarme en cara, te daré los presentes de la hospitalidad. Serán el fuego y aquella paternal caldera donde cabrán holgadamente y hervirán a placer tus macizas carnes. Entrad, pues; colocaos en torno del altar del dios de esa caverna, para que le sirváis de suculenta comida.

## ULISES

—¡Ah, desdichado! Yo que evité los peligros de Troya y los del mar, ahora me estrello contra el corazón inexorable de este monstruo feroz. ¡Oh, Palas, hija soberana de Júpiter, ahora has de socorrerme; ahora que expuesto a riesgos mayores que los de Ilión, me encuentro al borde del abismo! Y tú, Júpiter hospitalario, que resides en la morada de los brillantes astros, dígnate mirar lo que sucede; que si no lo vieses, en vano siendo un dios impotente, se te consideraría el gran Júpiter.

## CORO

—Abre, Cíclope, tu inmensa boca: ya están asadas y cocidas las carnes de tus huéspedes: tendido sobre las pieles de cabra, despedázalos y tritúralos entre tus dientes. Pero no me ofrezcas semejantes manjares. Mi único deseo es embarcarme y dar un adiós eterno a esta caverna, y a los horrendos sacrificios del Cíclope, que se deleita devorando a sus huéspedes. Cruel es y miserable quien inmola en su casa a los extranjeros que se acercaron suplicantes a su hogar; quien despedaza, tritura y devora carnes humanas retiradas palpitantes de los carbones.

## ULISES

—¡Oh, Júpiter! ¿Qué diré? ¡Qué horrores vi en la cueva! Es increíble...
Más parecen delirios de la imaginación que obra de los hombres.

## CORO

_¿Qué ocurre Ulises? ¿El impío Cíclope devora a tus amados compañeros?

## ULISES

—Sí, a dos de los más gordos, después de haberlos mirado y tanteado.

## CORO

—¡Infeliz! ¿Cómo ha sucedido eso?

---

1. Constelación de estrellas que lleva el nombre del héroe de la mitología griega.
2. Hijo de Zeus, rey de Creta.
3. Estado surgido en el siglo VIII a.C.
4. Diosa romana de la sabiduría, equivalente a Atenea en la mitología griega.

5. Dios del frío viento del norte que traía el invierno.
6. Pueblo antiguo indoeuropeo del sudeste de Europa.

## ULISES

—En cuanto entramos en la cueva lo primero que hizo fue encender fuego, echando sobre el ancho hogar los troncos de una enorme encina que hubieran sido carga suficiente para tres grandes carros. Extendió después en el suelo una capa de hojas de abeto y colocó este lecho junto a la lumbre; ordeñó luego sus vacas y llenó de blanca leche una cratera, como de diez ánforas, y la puso junto a sí con un vaso de hiedra, que bien tendría cuatro codos de profundidad por tres de ancho. Hizo hervir enseguida el agua en una caldera de bronce; preparó asadores de espino de puntas endurecidas al fuego, y troncos del Etna torpemente desbastados con el hacha.

Dispuesto todo, el impío cocinero de Plutón[1], aborrecido de los dioses, arrebató a dos de mis compañeros y los mató con cierta regularidad, como de costumbre; al uno lo arrojó a la caldera de bronce; al otro lo cogió por el talón y lo estrelló contra la aguda punta de una roca; los sesos saltaron a la violencia del golpe; cortó su carne en pedazos con un espantoso cuchillo: puso a asar parte de sus miembros y echó los restantes a la caldera, para que se cociesen. Yo, infeliz, derramando lágrimas amargas tuve valor para acercarme al Cíclope y servirle; pero ocultos como aves espantadas mis compañeros en los entrantes de la roca se estremecían de terror y sentían helárseles la sangre en las venas.

Cuando el monstruo harto de la carne de mis amigos se tendió en la caverna, tuve una inspiración divina. Llené una copa de este mismo vino de Maron y se la presenté para que bebiera, diciéndole: Cíclope, hijo del Dios del mar, mira qué celestial licor, delicias de Baco, exprime la Grecia de sus vides. Él, repleto de sus abominables manjares, la tomó y la apuró de un trago y, levantando las manos, dijo en su elogio: "No puede negarse, amabilísimo huésped, que es un licor excelente para digerir mi excelente comida." Viéndole tan alegre, le presenté otra copa, comprendiendo que el vino le dominaría y le daría después el correspondiente castigo. Así fue. Pronto empezó a cantar, y yo a darle copa tras copa y a enardecerle el estómago con aquella fuerte bebida. Ahora, mientras hace resonar la caverna con sus toscos cantares se mezclan a los lamentos de mis amigos, que yo, resuelto a salvarme y si, queréis, a salvaros, me he escapado discretamente. Decid, pues, si deseáis o no huir de este monstruo insaciable para habitar con las Náyades[2] en la corte de Baco. Vuestro padre, aunque permanece en la cueva, aprueba mi proyecto; pero es débil y le toma tal gusto a la bebida que está sujeto a la copa, como un pajarito que, cogido en la liga, agita en vano las alas. Mas, vosotros que sois jóvenes, salvaos conmigo y os reuniréis junto a Baco, vuestro antiguo amigo, bien distinto del Cíclope.

### CORO

—¡Oh, queridísimo Ulises. Ojalá llegue el día en que dejemos de ver la cabeza de ese monstruo abominable! ¡Mucho tiempo hace ya que, sin poder huir, nos vemos privados de la libertad querida!

### ULISES

—Oíd la venganza que preparo contra esa fiera y los medios de liberaros de la esclavitud.

### CORO

—Habla; la noticia de la muerte del Cíclope será más grata a nuestro oído que la cítara asiática.

### ULISES

—Polifemo, alegre con lo que ha bebido, piensa ir a celebrar una orgía con sus hermanos.

### CORO

—Comprendo: piensas sorprenderlo cuando esté solo y matarlo en el bosque o precipitarlo de una roca.

### ULISES

—Nada de eso; mi intención es emplear la astucia.

### CORO

_¿De qué modo? Mucho tiempo hace que oímos celebrar tu ingenio.

### ULISES

—Le aconsejaré que no vaya a esa orgía, pues no le conviene regalar el vino sino guardarlo para sí y pasar con él deliciosamente la vida.

Además he visto en la caverna un tronco de olivo cuya punta aguzaré con mi espada y lo meteré en el fuego; después, cuando se duerma el Cíclope rendido por Baco, sacaré el tizón echando llamas, se lo clavaré en la frente y destruiré su único ojo. Y como un carpintero, al construir una nave se sirve de dos correas para manejar fácilmente el barreno, yo haré girar el tizón dentro del ojo luminoso del Cíclope y abrasaré su pupila.

### CORO

—¡Oh, qué alegría! ¡Esa idea nos enloquece de gozo!

### ULISES

—Y embarcándonos luego en mi negra nave, huiremos rápidamente de esta tierra maldita, tú, mis amigos y el anciano.

### CORO

—¿Nos permitirás que a modo de juramento de fidelidad, cojamos el tizón que ha de dejarle ciego? Porque deseamos tomar parte en su muerte.

## ULISES

—Será muy oportuno: el tizón es grande y lo cogeréis conmigo.

## CORO

—Capaz sería de llevar la carga de cien carros, con tal de quemar como un avispero el ojo de ese maldito Cíclope.

## ULISES

—Callad ahora; y pues ya conocéis la trama, solo falta que obedezcáis en todo al que la ha urdido. No temáis que yo me ponga a salvo abandonando a los queridos compañeros que dejo en la cueva; aunque bien pudiera hacerlo, pues conseguí evadirme, mas no es justo abandonar a los amigos que me han acompañado.

## SEMICORO

—¡Ea! ¿Quién será el primero, quién el segundo, a quien tenga la suerte de apoderarse del tizón y hundirlo entre los párpados del Cíclope atravesando su ojo resplandeciente?

*(Se oye cantar dentro)*

## SEMICORO

—Chito, chito. El estúpido Cíclope, ebrio ya, sale de su caverna cantando desentonadamente. ¡Qué poca gracia tienen sus versos! ¡Qué poco tardará en llorar! Enseñemos a ese ignorante a estar borracho. Después cegará del todo.

## SEMICORO

—Feliz el que se embriaga con el grato jugo de la vid. Tendido en el banquete, perfumados los brillantes rizos de sus rubios cabellos, abraza a su amigo predilecto y a su voluptuosa amante. Entonces canta. "¿Quién me abrirá la puerta?"

### CÍCLOPE

—¡Ah! ¡Ah! Estoy lleno de vino. ¡Qué alegre me ha puesto tan delicioso banquete! ¿Cómo no; si mi estómago a modo de una nave de carga, está repleto hasta la cubierta? El verde césped, parece que me invita a celebrar una orgía en esta florida estación con mis hermanos los Cíclopes. Eh, tú, extranjero, tráeme el odre que quedó en la caverna.

### SEMICORO

—El hermoso Cíclope sale de su palacio con el ojo resplandeciente de belleza. Alguien nos ama. Ya están preparadas las antorchas, para que a su resplandor brille tu cuerpo en la gruta húmeda de rocío, como el de una delicada ninfa: pronto una guirnalda de variados matices coronará tu frente.

### ULISES

—Escúchame, Cíclope; pues yo conozco perfectamente el Baco que te he dado a beber.

### CÍCLOPE

—¿Hay quién cree que Baco es un dios?

### ULISES

—Y poderoso, pues alegra la vida.

### CÍCLOPE

—Por eso lo eructo con delicia.

**ULISES**

—Su condición es tal, que a nadie hace daño.

**CÍCLOPE**

—¿Mas, cómo, todo un dios se complace en habitar en un odre?

**ULISES**

—Se halla a gusto en cualquier parte.

**CÍCLOPE**

—Pero no parece bien que un dios esté metido en un cuero.

**ULISES**

—¡Qué importa, si el dios te sabe dulce! ¿Acaso el cuero te amarga?

**CÍCLOPE**

—Detesto el cuero y adoro su contenido.

**ULISES**

—Quédate, pues, aquí, Cíclope; y alégrate bebiendo.

**CÍCLOPE**

—¿No debo dar de esta bebida a mis hermanos?

**ULISES**

—Si la guardas para ti, serás más considerado.

### CÍCLOPE

—Y dándosela a mis amigos sería más útil.

### ULISES

—La orgía suele ser causa de riñas y disputas.

### CÍCLOPE

—Embriaguémonos. Sin embargo nadie me tocará.

### ULISES

—Amigo mío, el que ha bebido no debe salir de su casa.

### CÍCLOPE

—Yo creo que es un necio el que después de embriagarse no busca la orgía.

### ULISES

—Yo, que es muy cuerdo el que en tal estado permanece en su morada.

### CÍCLOPE

—¿Qué hacemos Sileno? ¿Te parece que debemos quedarnos?

### SILENO

—Sí, por cierto. ¿Qué falta nos hacen otros bebedores?

---

1. Dios de la muerte.
2. Ninfas del agua.

## CÍCLOPE

—Además, el suelo está aquí cubierto de verde yerba salpicada de florecillas.

## SILENO

—Y es delicioso beber cuando el calor aprieta. Apóyate en mí y tiéndete en tierra, Cíclope.

## CÍCLOPE

—Ya estoy, mas, ¿por qué pones detrás de mí la cratera?

## SILENO

—Para que nadie la coja al pasar.

## CÍCLOPE

—No; lo que tu quieres es beber a hurtadillas. Ponla en medio. Ahora, extranjero, dime cómo te llamas.

## ULISES

—Me llamo *Ninguno*. Pero, ¿qué favor tendré que agradecerte?

## CÍCLOPE

—Te comeré el último de todos tus compañeros.

## ULISES

—¡Soberbio regalo haces a tus huéspedes!

## CÍCLOPE

—¡Eh, tu! ¿Qué haces? ¿Te estás bebiendo el vino a escondidas?

## SILENO

—No es eso, sino que Baco me ha dado un beso porque soy muy hermoso.

## CÍCLOPE

—Te dará qué sentir tu no correspondida pasión por el vino.

## SILENO

—No, a fe mía, dice que mi belleza es causa de su amor.

## CÍCLOPE

—Echa un vaso lleno; y calla.

## SILENO

—¿Y cómo está hecha la mezcla? Ea, veámoslo.

## CÍCLOPE

—Me estás fastidiando. Dámelo como esté.

## SILENO

—Por Júpiter, no será antes de que tú te pongas una corona y yo lo pruebe.

## CÍCLOPE

—¡Maldito copero!

### SILENO

—Pero si este vino es dulcísimo. Por eso debes de limpiarte antes de beberlo.

### CÍCLOPE

—Sea; ya están limpios mis labios y mi barba.

### SILENO

—Bien. Ahora apóyate con gracia sobre el codo y después bebe, tal como lo hago yo.

### CÍCLOPE

—¡Eh, eh! ¿Qué haces?

### SILENO

—He bebido deliciosamente sin tomar aliento.

### CÍCLOPE

—Coge el odre, extranjero, y escánciame tú el vino.

### ULISES

—Me es familiar ese servicio.

### CÍCLOPE

—Vamos, escancia ya.

### ULISES

—Escancio, pero calla.

## CÍCLOPE

—Difícil es que calle el que ha bebido mucho.

## ULISES

—Toma, y bebe sin dejar ni una gota: es necesario apurar el licor y gozar de él.

## CÍCLOPE

—¡Sopla! ¡La vid es una madera admirable!

## ULISES

—Si después de una abundante comida, bañas con abundante vino tu estómago, aunque no tengas sed, Baco te infundirá un grato sueño: pero si dejas algo te abrasará.

## CÍCLOPE

—¡Oh, oh! Por poco tengo que nadar... Este placer es extremo. Me parece que el cielo gira confundido con la tierra...Veo el trono de Júpiter y la sacra majestad de todos los dioses... No las besaré...las gracias me incitan...Este Ganimedes[1] (a Sileno) bastará para mi diversión. Prefiero el amor de los jóvenes al de las mujeres.

## SILENO

–¿Pues qué soy yo, el Ganimedes de Júpiter?

## CÍCLOPE

—Sí, por cierto; y yo el que te roba del palacio de Dárdano[2].

### SILENO

—Estoy perdido, hijos míos. ¡Qué indigno tratamiento me amenaza!

### CÍCLOPE

—¿Acusas a tu amante que ha bebido y te haces el desdeñoso?

### SILENO

—¡Ay de mí! Pronto probaré la amargura de su vino.

*(Entran en la Caverna)*

### ULISES

—Valor, hijos generosos de Baco. El monstruo está en la cueva; pronto rendido por el sueño, devolverá por sus hediondas fauces las carnes que ha devorado. El tizón humea en la caverna: solo falta que con él abrasemos el ojo del Cíclope. Vamos, pues, y obrad como valientes.

### CORO

—Nuestro corazón será inquebrantable como las rocas y el diamante. Entra en la caverna, antes que nuestro padre sea víctima de la brutalidad del Cíclope. Todo cuanto ordenaste está ya dispuesto.

### ULISES

—Vulcano, rey del Etna, abrasa el brillante ojo de tu bárbaro vecino y líbranos de él al primer golpe. Y tú, Sueño, hijo de la negra noche, infunde un profundo sopor a esa fiera aborrecida por los dioses. No consintáis que después de los ilustres trabajos de Troya, Ulises y sus compañeros perezcan a manos de un monstruo a quien nada importan ni los dioses ni los hombres. Si no, deberemos creer que la

Fortuna es una deidad y confesar que los demás dioses le son inferiores.

### CORO

—Las tenazas van a sujetar el cuello del horrible antropófago. Pronto el fuego consumirá su luminosa pupila. Ya se oculta en el rescoldo el inmenso tizón. Manos a la obra, vino de Marón; véngate furioso del Cíclope y arráncale su único ojo. Así podrá decir; "bebí en mala hora" Yo quiero abandonar esta soledad y reunirme al amable Baco que gusta de coronarse de yedra. ¿Conseguiré tal dicha?

### ULISES

—¡Silencio, sátiros, en nombre de los dioses! Estaos quietos y cerrad la boca; ni tan solo os permito respirar; ni escupir, ni hacer guiños: no vaya a despertarse el monstruo antes de que el fuego haya privado de vista a su único ojo.

### CORO

—Callamos y nos tragamos nuestro propio aliento.

### ULISES

—Ahora, ¡ánimo! Entrad en la caverna y coged el tizón: ya está bien encendido.

### CORO

—¿No designarás tú quien ha de ser el primero que coja la abrasada palanca y, participando de tu suerte, queme el ojo del Cíclope?

### SEMICORO

—Nosotros, como estamos aquí fuera, no podemos empujar el tizón hasta el ojo de Polifemo.

**SEMICORO**

—Nosotros nos hemos quedado cojos de repente.

**SEMICORO**

—Entonces os ha sucedido lo mismo que a mí: estando inmóvil se me ha dislocado un pie, yo no sé cómo.

**SEMICORO**

—¿Se os dislocan los pies estando quietos?

**SEMICORO**

—Además tenemos los ojos llenos de ceniza o polvo, salido no sé de dónde.

**ULISES**

—Qué cómplices tan cobardes e inútiles.

**CORO**

—¡Cómo! ¿Es cobardía el compadecernos de nuestra espalda y de nuestra espina dorsal y no querer que nos salten los dientes a porrazos? Pero sabemos un conjuro de Orfeo[3], tan eficaz que el tizón irá por sí solo a la cabeza del hijo de la tierra y abrasará su único ojo.

**ULISES**

—Hace tiempo que sabía que ese era vuestro carácter; pero en el presente lo conozco mejor. Tendré que valerme de mis propios compañeros. Mas ya que no os atrevéis a ayudarme con obras, animadme al menos con vuestras palabras. Vuestras amistosas exhortaciones nos infundirán valor.

### CORO

—Lo haré. Esto será sacar el ascua con mano de gato. Que por palabras no quede. Si solo se trata de ellas, el Cíclope perderá seguramente su ojo. ¡Ánimo, ánimo! Empujad sin miedo el tizón; apresuraos: abrasad el ojo del monstruo devorador de extranjeros. Quemad, consumid al abominable pastor del Etna. ¡Ah, ah! Hunde el tizón y sácalo rápidamente, no sea que el Cíclope se levante por la fuerza del dolor y te cause grave daño.

### CÍCLOPE

—¡Ay de mí! Me han dejado ciego.

### CORO

—¡Oh, qué hermoso canto! Cántamelo Cíclope.

### CÍCLOPE

—¡Oh, qué espantoso ultraje! ¡Ay de mí, que me han matado! Mas nunca, miserables, nunca regocijados con vuestra infame acción lograréis escaparos de mi antro. Me colocaré en la entrada y cuando intentéis salir, os detendrán mis manos.

### CORO

—¿Qué estás gritando, Cíclope?

### CÍCLOPE

—¡Me han matado!

---

1. Héroe divino raptado por el dios Zeus, que convirtió en su amante y en el copero de los dioses.
2. Hijo de Zeus, en la mitología griega.
3. Hijo de Apolo y de una de las musas, Calíope.

**CORO**

—¡Qué horroroso!

**CÍCLOPE**

—¡Y qué desdichado!

**CORO**

—¡Cómo estabas ebrio te has caído en medio de la lumbre!

**CÍCLOPE**

—*Ninguno* me ha asesinado.

**CORO**

—Entonces, nadie te ha hecho daño.

**CÍCLOPE**

—*Ninguno* ha abrasado mi pupila.

**CORO**

—Entonces, no estás ciego.

**CÍCLOPE**

—¡Ojalá lo estuvieras tú!

**CORO**

—Pero, ¿cómo es posible que *Ninguno* te haya cegado?

**CÍCLOPE**

—¡Te burlas! ¿Dónde está *Ninguno*?

**CORO**

—En ninguna parte.

**CÍCLOPE**

—Ese detestable extranjero, para que acabéis de entenderlo, es el que me ha perdido dándome de beber y abrasándome mi único ojo.

**CORO**

—El vino es fuerte y difícil de vencer.

**CÍCLOPE**

—Decidme, por los dioses, ¿han huido o están aún en la cueva?

**CORO**

—Están callados y ocultos en lo más recóndito de la roca.

**CÍCLOPE**

—¿A qué mano?

**CORO**

—A tu derecha.

**CÍCLOPE**

—¿Dónde?

**CORO**

—En esa misma peña. ¿Los has cogido?

**CÍCLOPE**

—¡Ah, qué nueva desgracia! Me he dado un golpe y me he roto la cabeza.

**CORO**

—¡Ya se te escapan! Por ahí no.

**CÍCLOPE**

—Pues, ¿por dónde?

**CORO**

—Dan vuelta a tu alrededor, por la izquierda.

**CÍCLOPE**

—¡Ay!, os burláis de mí; os reís de mi infortunio.

**CORO**

—Ya no más: tu enemigo está delante de ti.

**CÍCLOPE**

—Infame, ¿dónde estás?

**ULISES**

—Lejos de ti: poniendo a cubierto de tus iras el cuerpo de Ulises.

## CÍCLOPE

—¿Qué has dicho? ¿Cambias tu primitivo nombre en otro nuevo?

## ULISES

—No: mi padre me llamó Ulises, y tú debías sufrir el castigo que merecía tu nefando banquete. Mezquina fuera la gloria que conquisté venciendo a Troya, si no hubiera vengado la horrible muerte que diste a mis amigos.

## CÍCLOPE

—¡Ah! Cumplióse el antiguo oráculo, que me anunció me dejarías ciego a tu regreso de Troya: más también predijo que, en castigo de tu crimen, serías durante largo tiempo juguete de las tempestades.

## ULISES

—Llora; te lo permito, y a fe que he hecho cuanto he podido para que te deshagas en llanto. Vamos ahora a la playa. Embarquémonos en mi nave y naveguemos hacia el mar de Sicilia con rumbo a mi patria.

## CÍCLOPE

—¡Oh, no! Antes te aplastaré a ti y a todos tus compañeros con este enorme peñasco. Subiré a esa montaña, y, aunque ciego, llegaré a su cumbre atravesando esta caverna abierta por sus dos extremos.

## CORO

—Nosotros acompañaremos a Ulises y serviremos después a nuestro amable Baco.

## FIN

Copyright © 2022 por FV Éditions
Ilustraciones © Onésimo Colavidas
Trad : Federico Baráibar (1880)
Corrección de estilo y notas: S.C.C
Todos Los Derechos Reservados

www.ingramcontent.com/pod-product-compliance
Lightning Source LLC
LaVergne TN
LVHW051035070526
838201LV00009B/198